MI MUNDO

Un Pequeño Libro con un Gran Mensaje

Al Gonzalez

MI MUNDO

Un Pequeño Libro con un Gran Mensaje

Al Gonzalez

ola
PUBLISHING
INTERNACIONAL

Mi Mundo
Un Pequeño Libro con un Gran Mensaje

Editado por Daniela Flores González

ISBN: 978-1-61244-919-7

Hola Publishing Internacional

Emerson 148, #602 Polanco,
Ciudad de México, México 11560
México: 55-5250-8519
www.holapublishing.com

Impreso y encuadernado en los
Estados Unidos de América

Dedicatoria

Dios está en mi corazón mientras me preparo para dedicar esta especial e increíble historia. *Él* es el faro que me ha iluminado y guiado a través del proceso emocional que viví mientras escribía y compartía *Mi Mundo. Él* me ha acompañado en cada paso de este camino. Sin *Él,* nada de esto habría sido posible. **Por eso, ¡este libro también es para Dios!**

La mayoría de las dedicatorias que he visto comúnmente mencionan a los familiares, colegas y amigos del autor. Pero esta dedicatoria es diferente. Yo dedico *Mi Mundo* a las personas que tienen un lugar especial en mi corazón, a quienes procuro, admiro, respeto y aprecio. ¿Quiénes son esas personas?

Son las personas a quienes conozco muy bien porque he caminado en sus zapatos. He estado en el lugar donde ellas se encuentran y he compartido su sentir en algún momento de la vida. He habitado en su mundo y, por ello, las conozco muy bien.

Es un honor y privilegio el dedicar *Mi Mundo* a quienes se encuentran cansados y frustrados, a quienes se sienten derrotados, a quienes no encuentran el rumbo, a los solitarios, a quienes han dejado de ver la luz al final del túnel, que han perdido la fe y la esperanza. *Mi Mundo* está dedicado a todas aquellas personas a punto de rendirse y tirar la toalla. A todo lector que sienta como si su vida le hubiera pasado de largo, sin ninguna oportunidad de alcanzar la felicidad, la prosperidad o el éxito. ¡Esto es para todos ustedes! Para quienes viven al día esperando la quincena, sin saber si tendrán un techo donde dormir el próximo mes. *Mi Mundo* es para ti.

Y lo más importante, dedico *Mi Mundo* a quienes buscan una transformación. A todas aquellas personas que quieran una vida mejor para sí mismas o para sus familias. A la gente que sigue luchando por mantener su cabeza a flote. A quienes tienen un deseo que les quema en lo más profundo de sus entrañas y están muy cerca de donde quieren estar en sus vidas, pero aún no logran alcanzar ese sueño.

¡*Mi Mundo* va dedicado especialmente a ti!

Además, quisiera incluir en estas páginas a quienes llegaron a un punto cumbre de su vida, pero se les escapó de las manos y, ahora, quieren recuperarlo. **Entiendo a cada uno de esos lectores, pues he estado ahí. ¡Mis palabras también son para todos ustedes!**

Tu amigo,
Al Gonzalez

Índice

Prólogo del Autor

Antes de comenzar a revelar el poder de esta increíble pequeña historia, que más adelante conoceremos como *Mi Mundo,* permíteme por favor unos momentos para expresar, de forma sincera y desde el corazón, los sentimientos que me genera este libro tan personal y conmovedor.

Desde muchos años atrás, anhelaba regresar a escribir. No obstante, si lo hacía, quería asegurarme de continuar mi camino en la escritura hablando sobre la vida — acerca de mis experiencias o lo que he vivido—, buscaba volver a escribir algo que contribuyera a cambiar la vida de alguien más. He dedicado la mayor parte de mi vida a ayudar a otras personas. De hecho, creo que mi propósito en la tierra es amar y auxiliar al prójimo. Esa es mi manera de servir a Dios.

Me considero afortunado de haber descubierto años atrás tanto el gusto como los beneficios de la lectura. He leído cientos de libros a lo largo de mi extensa carrera profesional, y tengo un gran aprecio por lo que la lectura ha hecho por mí. No tengo formalmente un alto nivel de estudios; me gradué del octavo grado y me enlisté en el ejército de los Estados Unidos seis días después de cumplir 16 años. Recibí mi diploma de educación general mientras me encontraba acuartelado en Alemania y tomé algunos cursos universitarios a lo largo de esos 22 años de trayectoria militar. Esa, en pocas palabras, es mi educación formal. Sin embargo, esto no quiere decir que no sea una persona inteligente.

En casa y en mi oficina, cuento con una amplia biblioteca que me ha servido como mi espacio de estudio. Me considero una persona sumamente inteligente, con maestría en Sentido Común, título otorgado por la Universidad de la Vida. Soy fiel creyente de que entre más he vivido, más educación he recibido de todos los libros leídos, y también el conocimiento adquirido gracias a las mentes brillantes de algunos amigos que me da la credibilidad para compartir contigo la historia que estoy por contar.

Hace unos años, uno de mis mentores me solicitó ir a la librería y comprar un libro. Él me dio el título y el autor del mismo; posteriormente, me pidió que lo leyera. Él hablaba mucho sobre todo lo que dicha obra había hecho por él y cómo había logrado cambiar su vida. Como me sugirió, días después fui a la librería y lo encontré.

Por la manera en que mi mentor se expresaba sobre el libro, me dio la impresión de que encontraría un libro de tamaño normal. En lugar de ello, lo que encontré fue un librito de muy pocas páginas, quizás 20 a lo mucho. De hecho, lo podía haber leído mientras lo hojeaba en la tienda. Obviamente, estaba muy decepcionado por el tamaño. Y eso, amigo mío, se queda corto. ¿Qué podía aprender yo de un libro de tan sólo 20 páginas? Estuve a punto de no comprarlo, pero finalmente me decidí, ¡y me alegro mucho de haberlo hecho!

Todo lo que mi mentor me platicó sobre el libro resultó ser cierto. Supe que ese librito contenía una historia sumamente poderosa desde el minuto en que comencé a leer sus primeras páginas. Hablaba sobre un suceso ocurrido durante la Guerra Hispanoamericana. Hasta aquí dejaré esta anécdota, pues te he contado demasiado ya. Ese libro diminuto me cambió la vida. Me convirtió en un mejor hombre y una mejor persona. Incluso, no tengo problema alguno con recomendar esta historia. El título de dicha obra es *Un mensaje para García*.

Un mensaje para García fue escrito el 22 de febrero de 1899, justo en el cumpleaños de George Washington. El autor fue un caballero de nombre Elbert Hubbard. Según el último recuento, dicho libro diminuto había vendido más de 40 millones de ejemplares y había sido traducido a casi todos los idiomas del mundo.

Bueno, creo que la mayor parte de nosotros ha escuchado aquel viejo refrán que dice: "No puedes juzgar a un libro por su portada". Pues estoy agradecido por no haber cometido ese error con *Un mensaje para García,* ya fuese por su tamaño o su portada.

Mi Mundo también es un librito conformado por sólo unas cuantas páginas, pero no te dejes guiar por ello. No sigas tu camino sin adquirir tu ejemplar. El contenido de esta pequeña obra cambiará tu vida. Si no te encuentras donde quieres estar en tu vida este momento, esta breve historia te ayudará a llegar hasta ahí. Si ya eres feliz con quién eres y dónde estás, *Mi Mundo* te ayudará a mantenerte ahí, de pie.

Espero que, algún día, compartas mi historia con quien requiera una mano amiga. ¡Este libro titulado *Mi Mundo* también cambiará su vida!, puedo predecirlo. En realidad, la historia contenida en estas páginas cambiará las vidas de miles de personas en todo el mundo. Así como el libro de Hubbard, se imprimirán millones de ejemplares de *Mi Mundo* e, incluso, se traducirá a cientos de idiomas. A quienes decidan leerlo, quisiera enviarles el siguiente mensaje: "Serán mejores personas, y, de este modo, contribuirán a convertir este mundo en un mejor lugar para vivir". Estoy sumamente agradecido, honrado y afortunado de compartir *Mi Mundo* contigo.

Tu amigo,
Al Gonzalez

Introducción

Estimado lector:

Estás a punto de abrir la puerta hacia *Mi Mundo*. Antes de que continúes tu camino, quiero darte la bienvenida. Adelante. Estás por adentrarte en este pequeño libro, el cual, en su interior, posee una poderosa historia que ha cambiado las vidas de miles de personas. Ha inspirado y motivado a hombres y mujeres a luchar por su libertad, a quienes buscan liberarse de una vida de pobreza y de vivir en un mundo de locos que les dice cómo actuar. Buscan su libertad ante un mundo donde han perdido el control de sus vidas, donde ya no tienen control de nada más; en realidad, sus posibilidades de ser felices, saludables y llevar una vida próspera les parece que eso ya no es posible. Dejaron de creer en que algo bueno podía pasarles. Incluso, solían ver la luz al final del túnel brillar de una forma tan tenue que ya ni siquiera alcanzaban a percibirla. Bueno, *no* tiene que ser así.

Ve y busca un espacio lleno de calma, sólo para ti, donde puedas disfrutar de esta bellísima historia. Sólo te tomará unos minutos de tu tiempo leer más acerca de *Mi Mundo,* pero ese tiempo —por mínimo que parezca— puede cambiar tu vida. Me siento honrado y lo considero un privilegio, el compartir contigo esta poderosa e increíble historia. Quiero agradecerte por permitirme llegar a ti y por tomarte el tiempo de leer mis palabras. Te deseo lo mejor mientras entras a *Mi Mundo*.

Tu amigo,
Al Gonzalez.

Mi Mundo

*Mi **Mundo*** es un mundo de ensueño. Lo llamo de esa forma porque no existe en ningún otro lugar más allá de mi mente. Y eso está bien. Está donde debe estar, únicamente en mis pensamientos. Cuando empieces a adentrarte en esta historia y ella comience a exponerse frente a ti, descubrirás que hay algo diferente en la forma en que está escrita. No son únicamente palabras, y, definitivamente, mucho menos se trata de una historia común u ordinaria. Es algo más que una simple historia; estamos a punto de comenzar una conversación muy personal, únicamente tú y yo.

Ese es mi estilo al momento de escribir. Será como si estuviésemos sentados frente a frente en una mesa, manteniendo una amena plática. No me preocupa lo políticamente correcto ni manejar una gramática perfecta. Mis dos libros anteriores los escribí en un formato de fácil lectura para todos, como si estuviéramos conversando. Mis escritos no son instructivos. Tampoco son guías para decirte qué hacer o no hacer. Mis libros hablan sobre la vida, eventos reales y experiencias.

Buscan construir una amistad sincera y una relación contigo, mi querido lector.

Mientras logras adentrarte en *Mi Mundo,* espero ganar tu confianza y respeto. Si tengo la suerte de lograrlo, entonces sé que confiarás en que cada anécdota de *Mi Mundo* fue una experiencia real. No fue algo que leí en una revista o un libro. ¡Son historias verdaderas que yo mismo he vivido! Aquí podrás leer más sobre mis altibajos, mis errores y mis experiencias de vida. Tú también cometerás tus propios errores y no hay nada de malo en ello, pues son parte de vivir. Aprenderás de ellos como yo aprendí de los míos, de eso estoy seguro.

Puedo adelantarte que conectarás con mi historia de un modo u otro. *Mi Mundo* te llegará a lo más profundo y de una forma especial. También estoy seguro de que, si no hubiera creado *Mi Mundo,* no estarías leyendo estas páginas. Lo más probable es que ni siquiera hubiera llegado a este punto en mí vida. Y, si lo hubiera logrado, no podría decirte dónde estaría o qué estaría haciendo hoy en día. Seguramente, estaría perdido, en la quiebra y borracho, como solía estarlo. En cambio, crear *Mi Mundo* me ha ayudado a convertirme en un hombre joven con mucha energía, inspirado, enfocado y lleno de motivación. En mi vida he conocido a hombres que, a sus 40 años, ya son viejos; sin embargo, también conozco a otros cuantos que, a sus 80 años, tienen un alma joven. Yo soy uno de esos pocos.

Mi Mundo me devolvió una imagen fuerte y positiva de mí mismo, acompañada de una autoestima firme. Me devolvió el respeto hacia mi persona, el cual llegó y asumí con actitud de campeón. Esa actitud fue la que trajo a mí las ganas de llevar una vida optimista y productiva. Una vida de servir a Dios a través de ayudar a otros y tender la mano al prójimo.

No dejo de emocionarme todos los días, cada mañana en que Dios me abre los ojos y me lleva hacia un nuevo día. Estoy agradecido por un día más de felicidad en el que puedo poner los pies en la tierra y llevo un propósito en mi mente. Levanto las manos hacia el cielo y digo: "Gracias, Dios, por un día más". También, repito varias veces, con entusiasmo y lleno de energía: ***"Soy feliz, estoy sano y vivo una vida exitosa"***. Al contrario, hay quienes, al despertar, se sientan al borde de la cama y sólo dicen: "Ay, Diosito, otro día más".

No es de extrañar que haya tanta miseria y negatividad a nuestro alrededor. Es triste y lamentable ver la gran cantidad de personas que jamás disfrutan el regalo de un nuevo día. *Mi mundo* cambió mi actitud ante tan grande obsequio y, desde hace años, abrazo cada nuevo día. Soy un fiel creyente de que Dios creó este día, entonces, ¡démonos la oportunidad de vivirlo y disfrutarlo! ¡aprovechémoslo al máximo!, porque, una vez que el sol se esconde, ese día se habrá ido para siempre y jamás lo volveremos a ver.

Hagamos una cosa más antes de que acabe el día. Llama a algún conocido con quien no has hablado en mucho tiempo. Dale un momento de tu tiempo y dile lo mucho que lo aprecias. Dile cuánto lo quieres. Quedarás sorprendido con lo mucho que una llamada puede significar para esa persona. Harás muy feliz a ese alguien, y eso, mi amigo, ¡también a ti te hará feliz!

Creé *Mi mundo* hace mucho tiempo y, aproximadamente durante los últimos 30 años, si he escuchado lo siguiente una vez, lo he escuchado mil veces: "Al, eres alguien totalmente diferente. Vives en tu mundo". Bueno, pues tienen razón; efectivamente, vivo en *Mi Mundo*. Es un mundo maravilloso que me ha dado todo lo que tengo y me pertenece. Y no hablo sólo de dinero. Por favor, no me malinterpretes. No hay nada de malo con el dinero. El dinero no es la raíz de todo mal. Incluso, podría decir que el no tener dinero es lo que en realidad causa tantos problemas como las bancarrotas, embargo de bienes, los divorcios y mucho más.

Mi Mundo me ha otorgado una vida maravillosa —una vida que me ha permitido conocer a Dios, a quien reconozco ahora como mi Maestro—. *Mi Mundo* me ha devuelto mi vida y, lo mejor, me trajo gran alegría, buena salud, una familia fantástica y amigos maravillosos. Tu nuevo mundo también hará eso por ti... Claro, si tú lo permites. Realmente deseo que le des esa oportunidad.

También sé, sin lugar a dudas, que, si no hubiera creado *Mi Mundo*, no me encontraría escribiendo libros. Definitivamente, no sería orador motivacional ni conferencista o el mentor que soy actualmente. *Mi Mundo* me hizo un mejor hombre y, lo más importante, una mejor persona. He pasado gran parte de los últimos 30 años de mi vida viajando, compartiendo mi historia de vida y *Mi Mundo* con públicos a lo largo y ancho de Estados Unidos y México.

Muchas de las personas que he conocido en esos eventos son personas que llegaron a mis pláticas porque estaban perdidas en ese inmenso lugar al que yo llamo "el Otro Mundo". Perdieron su camino y se sienten derrotados por el sistema. Llegan buscando un mejor camino para sus vidas. También he conocido a muchos que piensan que la vida les ha pasado de largo, creen que no tienen ninguna oportunidad. Incluso, algunos de ellos han compartido conmigo sus dolorosas historias. Me han dicho que ya no ven ninguna luz al final del túnel. Han estado a punto de tirar la toalla. Hay quienes se han acercado a mí con lágrimas en los ojos y me han agradecido por haberles traído esperanza.

Debo admitir que algunas de esas historias también han sacado lágrimas de mis ojos. Ayudar a más personas a ser felices, saludables y prósperas ha sido parte de mi vida y una experiencia gratificante. Agradezco a Dios cada día por esta oportunidad. He compartido mi historia y *Mi Mundo* con la esperanza de que puedo marcar la vida de alguien más, y estoy seguro de que lo he logrado. Mi Mundo es una historia bellísima, la cual quiero compartir contigo para que, al mismo tiempo, tú consigas todo aquello por lo que has decidido esforzarte y todo aquello que tú y tu familia merecen disfrutar.

Ahora, quiero cambiar de tema por un momento. Me gustaría platicarte sobre el caso de una tortuga trepada en el poste de una cerca. ¿Alguna vez habrías intentado explicarte cómo llegó esa tortuga hasta allí? Me imagino que todos nos haríamos esa pregunta si la viéramos. Sin duda, es una fotografía sumamente extraña para nuestras mentes. Te garantizo que dicha imagen existe y se encuentra en algún lugar. Es como si la representación de ese animal me recordara a mí mismo. Esa tortuga no llegó hasta allí por sí sola, alguien debió brindarle algo de apoyo. Bueno, seguramente alguien también me ayudó a mí a escalar para llegar hasta la cima del poste en la cerca.

Por favor, no te ofendas. Tú, o alguien a tu alrededor, podría ser esa tortuga intentando subir hasta el punto más alto. Si se trata de ti, quisiera ser yo quien te ayude a llegar arriba. No tengo idea del tipo de poste que deseas escalar en tu vida. Sin embargo, estoy seguro de que probablemente estás buscando un mejor camino para alcanzar tu sueño. Quizás estás buscando respuestas a preguntas cruciales para ti. Yo quiero ayudarte a encontrarlas. Continúa leyendo las páginas siguientes, en *Mi Mundo* podrías encontrar las palabras que buscas. Estoy seguro de que así será.

Hasta la fecha, he escrito ya dos libros inspiradores, los cuales han ayudado a muchas personas a cambiar su vida. Rezo porque esta bellísima historia haga lo mismo por ti y por muchos lectores más. Creé *Mi Mundo* porque "el Otro Mundo" a mi alrededor no dejaba de repetir a mis oídos: "Al, no podrás lograrlo. Ni siquiera lo intentes. Nunca llegarás a donde deseas. El éxito no es para ti. Estás perdiendo tu tiempo. ¿Qué intentas probar, Al?" En realidad, no intento probar nada, sólo quiero creer en mí mismo. ¿Qué hay de malo en ello? Ante esta pregunta, "el Otro Mundo" me habría respondido: "¿Qué? ¿Creer en ti mismo? ¿Para qué? ¡No lo necesitas!

No necesitas tener creencias para ser pobre". Así es como "el Otro Mundo" se dirigió a mí alguna vez. Estoy seguro de que tú o algún conocido han caminado en mis zapatos y se sentirán identificados con mi experiencia.

Si te platico más sobre mí, estoy seguro de que estarías de acuerdo conmigo en cuanto a que *Mi Mundo* es realmente una bendición. No tuve otra opción, y me alegro de haberlo creado. Tenía que intentar algo o habría crecido aceptando mi pobreza, y estaba decidido a no hacerlo. Sabía que sería criticado —mis detractores siempre comentan al respecto—, pero estoy preparado para todo. Me acusaron de creerme superior a los demás. Bueno, no he intentado creerme más que el resto, sólo quería *lograr* algo mejor.

Verás, crecí en un ambiente de pobreza extrema, mis condiciones de vida fueron realmente difíciles. De hecho, fui criado sin mi madre en una pequeña choza de una sola habitación. Tenía escasos cinco años cuando Dios decidió llevarse a mi madre a su morada. Ella tenía tan sólo 26 años de edad, ¿te imaginas? Se encontraba en el mejor momento de su vida. En realidad, su vida apenas estaba por comenzar. Tenía tantos motivos para vivir. Sin embargo, en 1945, el cáncer difícilmente era piadoso. Dejó seis hijos, tres varones y tres mujeres. No puedo recordar a mi madre, pero estoy seguro de que, para mis hermanos mayores, el día en que ella falleció debió ser sumamente doloroso.

Nuestro padre debió sentirse tan solo y abandonado con seis pequeños. La madre de sus hijos le fue arrebatada. Más adelante, conforme crecía, me preguntaba por qué no podía recordarla. Dios sabe cuánto lo deseaba, pero por más que lo intentaba, simplemente no podía.

Probablemente, la muerte de mi madre ha quedado como un momento que mi mente decidió bloquear para siempre. Durante años, me invadió el sentimiento de culpa al no poder recordarla.

Cuando era niño, recuerdo que Lee, mi hermano menor, y yo solíamos caminar kilómetros por una carretera ubicada muy cerca de nuestro antiguo hogar. En el trayecto recolectábamos botellas de refresco. La mayoría de la gente solía arrojar botellas vacías por la ventanilla de su auto mientras conducía por la autopista; en ese tiempo, solían estar hechas de vidrio y valían un poco de dinero. Caminábamos a un costado de la carretera e íbamos en una sola dirección, entonces, cuando íbamos tan lejos como queríamos, dábamos la vuelta para emprender nuestro camino de regreso.

Ese camino era conocido como 'la autopista del aeropuerto'. Siempre había mucho tránsito en esa carretera, por eso, la mayoría de las veces nos iba bien. Solíamos realizar el recorrido todos los días de la semana después de la escuela. Vendíamos las botellas cada sábado en una tienda local para ayudar a solventar gastos familiares. Fue una vida muy dura para mi padre, quien hacía su mayor esfuerzo por mantener a sus seis hijos.

Cuando no recogíamos botellas de la carretera, nos encontrábamos camino a los sembradíos para recolectar la cosecha, cualquier producto agrícola de temporada que nos permitiera ganar un dólar y ayudar a nuestro padre. Cuando ganábamos más dinero era durante la época de cosecha de algodón. Solíamos levantarnos temprano, particularmente, en los días con más neblina. Queríamos recolectar tanto algodón como fuera posible mientras el rocío permanecía en él. Siempre nos pagaban por libra, y el algodón pesaba más cuando estaba húmedo. Con frecuencia, llegábamos a recolectar 250 libras, lo que implicaba una ganancia de cinco dólares. En aquellos tiempos; es decir, a mediados de los años 50, cinco dólares eran una buena suma de dinero.

Recuerdo todas las veces que recibí elogios y palmadas en la espalda por mi trabajo como recolector de algodón. ¿Puedes imaginar el sentirte orgulloso de ser un gran recolector de algodón? Esa fue la manera en que crecimos, siempre dábamos lo mejor de nosotros en cualquier actividad que decidíamos emprender, nos gustara o no. Nos hacía sentir sumamente orgullosos el ayudar a nuestro padre a llevar comida a la mesa. Normalmente, eran jornadas largas bajo un sol ardiente, de hasta 12 horas, desde las 6:00 a.m. hasta las 6:00 p.m.

Siempre esperábamos con ansias la hora del almuerzo, cuando comíamos sándwiches de mortadela y tomábamos refrescos fríos. Había ocasiones en que peleábamos a empujones por ganar el lugar con sombra bajo el remolque de algodón. No era nada cómodo comer bajo los intensos rayos de sol. Por ello, encontrar un espacio agradable y con sombra resultaba sumamente valioso. Además, podías cambiarlo por un refresco o medio sándwich. La temporada de algodón al sur de Texas ocurre a la mitad del verano, y siempre hace mucho calor, por lo que incluso la hora del almuerzo llegaba a convertirse en 30 minutos.

El capataz de campo solía gritarnos cuando la hora de descanso había terminado y era momento de salir de debajo del remolque y tomar nuevamente nuestros sacos de algodón. Entre más algodón recolectábamos, mayores eran sus ganancias. Me recordaba a un guardia de prisión con pistola, vigilando a los prisioneros mientras ellos trabajan. Obviamente, él no era el hombre más popular entre nosotros. De hecho, a ninguno de nosotros le agradaba.

De una cosa estaba seguro: jamás vi a gente rica en los campos de algodón. Sólo veía a las personas en condiciones de pobreza dedicarse a este oficio. Esa escena quedó grabada en mi mente. No era de extrañar que, en mi cabeza, el "Otro Mundo" siguiera diciéndome: "Al Gonzalez, siempre serás pobre, como tu abuelo y, seguramente, como tu padre. ¿Por qué no puedes aceptarlo? ¿Qué intentas probar? ¿Ser alguien? ¿Qué te pasa, estás soñando?”. Bueno, sí, estaba soñando.

El “Otro Mundo” solamente no lo sabía. Al final, me encontraba a media adolescencia, con hambre de liberarme de la pobreza. Necesitaba desesperadamente un modelo a seguir.

Podía admirar a quienes eran exitosos en el ámbito financiero. El problema era que no tenía a nadie así a mi alrededor. En ese tiempo, las únicas personas a quienes conocía con dinero eran los dueños de los campos donde recogía algodón u otro tipo de cosecha. En realidad, no conocía a ninguno de ellos personalmente ni sabía mucho sobre su historia de vida, por lo que no podía admirarlos. En consecuencia, nunca tuve un modelo a seguir para aprender sobre el éxito en el manejo del dinero. En ese entonces, ni siquiera sabía deletrear el éxito financiero; es más, tampoco podía imaginar su significado. Sólo tenía certeza de que eran personas con casas bonitas, camionetas y automóviles; además, tenían equipo agrícola y eran propietarios de grandes porciones de tierra. Tenían todo mientras nosotros no teníamos nada. Esa era mi forma de comprender las diferencias entre ricos y pobres. Ellos eran ricos, nosotros pobres. Ellos tenían dinero, nosotros no. Esa era la realidad, y, me imagino que, aparentemente, debía acostumbrarme a ello. ¡Nunca lo hice, y me negaba a aceptarlo!

En ese tiempo, yo no comprendía mucho sobre el dinero. Sólo podía entender que yo me encontraba sin un dólar, y mi situación no me gustaba. Todos en la familia de mi padre estaban en las mismas. También la familia de mi madre estaba en la quiebra. Todos vivíamos en pobreza extrema. Éramos como un hámster corriendo en su rueda, sin llegar a ningún lado. A pesar de ello, he aprendido lecciones muy valiosas de mi familia, las cuales me han servido mucho a lo largo de mi vida. Aprendí acerca del trabajo duro; pero también aprendí las virtudes de la responsabilidad, la honestidad, el respeto y la cortesía; aprendí a amar a los demás.

Un día, mientras trabajaba en medio de un calor sofocante, recogiendo algodón en Parkin, Arkansas, algo me ocurrió. Te preguntarás: ¿por qué en Parkin, Arkansas? Es un largo camino desde el sur de Texas, donde nací. Bueno, nosotros éramos trabajadores migrantes, y mi padre solía llevarnos a mi hermano y a mí con él, juntos seguíamos el rastro de la cosecha de algodón con rumbo hacia el norte.

Mi hermano y yo éramos muy unidos. Dondequiera que iba uno, el otro lo seguía. Esa fue la forma en que crecimos, y así éramos felices. Mi hermano mayor y mis hermanas solían quedarse en casa de nuestros familiares en Brownsville mientras nosotros viajábamos para recolectar el algodón. En ese entonces, yo tenía aproximadamente 14 años. Lo recuerdo como si hubiera sido ayer. Miré al cielo y me dirigí a Dios, le dije que ya estaba harto y cansado de recolectar algodón; de dormir en el suelo de alguna choza ubicada en un lugar lejano. Lugares donde no tenía idea de dónde estaba.

Estaba cansado de perderme los primeros días de clases en mi escuela. Siempre llegaba tarde y me esforzaba por seguir el ritmo de mis compañeros. Ya no quería esa vida para mí. El día en que le rogué a Dios que me mostrara otro camino, *Él* lo hizo. Tardé un poco en darme cuenta, pero un día lo comprendí. Fue ese el momento en que dejé de escuchar a "el Otro Mundo". Comencé a escuchar mi voz interior que resonaba en lo más profundo de mi ser, y me seguía diciendo: **"Sí puedes. Sí puedes tener éxito. Sí puedes creer en ti mismo."**

Desde ese momento comencé a creer y a soñar que, algún día, estaría lejos de los campos de algodón. No sabía cómo ni cuándo, pero sabía que ese tiempo ya estaba cerca. Y, finalmente, en una ocasión escapé de esos días agotadores, calurosos y abrasadores. Escribí sobre ese periodo de mi vida en mi primer libro, ¿Quién quiere ser alguien? En verdad te recomiendo leerlo. Se trata de una poderosa e inspiradora historia de la vida real, que ha cambiado cientos de vidas. Ahora que he compartido una parte de mi vida contigo, me gustaría invitarte a conocer más sobre *Mi Mundo*. Por favor, entra. Bienvenido seas a *Mi Mundo*.

Déjame contarte cómo creé *Mi Mundo*. Estoy seguro de que te gustaría saberlo. Estudié la trayectoria de muchos hombres y mujeres exitosos y pude encontrar dos puntos en común. Creían en sí mismos y escuchaban a su voz interior que les decía: "Sí, tú puedes lograrlo". Yo era ingenuo, pero lo suficientemente inteligente como para creer en ellos. ¡Si ellos lo lograron, yo también lo puedo lograr! Me alegro de haber abandonado el noveno grado. Si hubiera ido a la universidad y me hubiera graduado de Harvard, Yale, Princeton u otra escuela como esas, hubiera sido demasiado brillante como para darme cuenta de que eso era imposible. Pero, gracias a que abandoné la escuela, era lo suficientemente tonto como para creerles. ¡Me alegra haberlo hecho! Así comencé a escuchar a mi voz interior como aquellas personas exitosas. Comencé a escuchar estas hermosas palabras: "¡Al, tú puedes lograrlo!" Después de escuchar esto por un tiempo, comencé a creer. Comencé a creer no sólo en mí, también en Dios. Descubrí que, cuando creo, puedo ayudar a otros a creer.

Entonces, mi vida comenzó a cambiar, y un ciclo de éxito comenzó para mí. No sólo me refiero al dinero, también a la felicidad y el amor por los demás. Comencé a crecer como persona y me volví exitoso construyendo relaciones y montando un negocio. Hoy, soy un hombre con gran riqueza, pero no hablo sólo de dinero. Me refiero a que soy rico porque he sido bendecido con una familia maravillosa y muchos amigos en mi hermoso país y en distintas partes del mundo.

Déjame hacerte una pregunta. La pregunta que estoy a punto de hacer te sacudirá, pero también tocará tu corazón. Realmente espero que la siguiente interrogante te mueva en lo más profundo. Espero te conmueva cada palabra (eso no es amable, ¿verdad?). Recuerda, soy tu amigo y jamás te mentiré. Por esa razón, no te diré algo lindo sólo para hacerte sentir bien. Prometo decirte la verdad, así que te diré lo que creo *necesitas* escuchar. Estoy seguro de que estarás de acuerdo conmigo. Siempre es mejor ser franco y, definitivamente, yo soy una persona directa.

Por favor, abre tu corazón y escucha atentamente mientras profundizo en la pregunta. No lo tomes personal. Te preguntaré lo siguiente porque me preocupo por ti y por tu futuro. No es fácil vivir una vida llena de felicidad, buena salud, amor y éxito cuando vives en ese lugar conocido como "el Otro Mundo". Ese es un mundo de negatividad. Un mundo lleno de gente incrédula y lleno de detractores. Un detractor es una persona que siempre dice "no" a todo. Los detractores siempre son negativos, cínicos y escépticos. Se oponen a todo y siempre dicen: "esto no tiene remedio". No es divertido estar con ellos. Toma tus precauciones, ellos te robarán tus sueños. Ten cuidado con quién compartes tu vida.

Aquí va mi pregunta: **¿Dónde vives tú?** ¿Vives en un mundo lleno de gente que te cree incapaz de lograrlo? ¿Vives en un mundo donde escuchas a todas esas voces negativas diciéndote al oído, "ni lo intentes, no lo lograrás"? Escucharás esto tantas veces que, después de un tiempo, los incrédulos y detractores te harán perder la fe. Ellos roban de ti tu deseo de salir victorioso. Te encuentras en un momento de tu vida en el que estás a punto de rendirte, listo para tirar la toalla. Dispuesto a rendirte porque vives en un mundo donde te han dicho, una y otra vez, que nunca lograrás nada, ¡que no eres nada! **¿Quién dice que no eres nadie? ¡Yo, no!** El "Otro Mundo" te ha golpeado tanto que ni siquiera puedes tomar una decisión de 500 dólares sin antes consultar a tu abogado, tu madre, tu padre, tu vecino, tu tío quebrado llamado Juan o tu hijo de cinco años.

Bueno, estoy aquí para decirte que las cosas ya no deben ser así. He caminado en tus zapatos. He estado donde tú has estado, y te entiendo. Me he sentido de la misma forma como tú te sientes, y estoy aquí para decirte que no estás hecho para quedarte en el suelo. Los buitres aún no vuelan a tu alrededor, porque aún no estás muerto. Estás abatido, pero boca arriba. Si miras hacia lo alto, puedes levantarte de nuevo, tal como yo lo hice en su momento. Mi amigo, no es coincidencia que hayas encontrado esta increíble y poderosa historia. Tú y yo no nos conocimos por accidente. Estábamos destinados a encontrarnos. Así es como obra Dios. Él me envió por una muy buena razón.

No me importa si eres hombre o mujer. Tampoco me importa si eres blanco, negro, moreno, amarillo, o, incluso, morado. No me preocupa si eres alto, bajo, delgado o gordo. Nada de eso es relevante para mí. He sido enviado aquí para ayudarte, **¡y llegué aquí para brindarte esperanza!** Porque, si eres como yo solía ser; tú también te has rendido o estás a punto de hacerlo. Ya no tienes más fe o esperanza. Estoy aquí para decirte que, si no tienes ambas cosas en tu vida, no tienes nada, ¡absolutamente nada! Así que, aférrate a tu fe, no sueltes la esperanza. Dios aún no ha terminado su trabajo contigo. Tiene un plan para ti. Él quiere que te diga que no necesitas aceptar el fracaso. El fracaso no es algo fatal, mucho menos un suceso definitivo. El fracaso es sólo un escalón rumbo al éxito. Es sólo un retraso temporal en tu camino hacia la cima. No te detengas. Continúa avanzando y llegarás. De eso no me cabe la menor duda. No conozco a ningún hombre o mujer exitoso que no haya fracasado al menos una vez en su camino hacia lo más alto. Y recuerda esto: el fracaso es pasajero, es sólo una estación mental donde te detienes para aprender acerca de tus errores. Cuando has aprendido de tus errores, el fracaso ni siquiera existe. Es sólo una parte de todo el proceso.

Una cosa más que debemos tener presente es que la pobreza es un estado de ánimo. La pobreza es una enfermedad mental. Si la pobreza es un estado de ánimo y una enfermedad mental, puedes borrarla de tu mente. Debes creer en lo que digo. Y lo diré una vez más. **¡La pobreza es un estado de ánimo y una enfermedad mental, puedes eliminarla de tus pensamientos!**

Esta conversación entre tú y yo no es para cambiarte. Entiendo que yo no puedo cambiarte. Sólo Dios puede hacerlo, pero, si me lo permites, puedo ayudarte a cambiar tu manera de pensar. Si puedes cambiar tu manera de pensar, entonces puedes cambiarte a ti mismo y cambiar "Tu Mundo". También he llegado a tu vida para decirte que no debes aceptar convertirte en una persona promedio u ordinaria. Estoy aquí para hacerte ver que, a través de Dios y Jesucristo, todo es posible. Sí, es posible, ¡pero debes creer en ello! No sólo debes creer en Dios y en Jesucristo, también en ti mismo. Debes saber que ese es el poder de las creencias, de creer que puedes ser feliz, saludable y exitoso. Repítelo para tus adentros. No te preocupes, no parecerás un tonto. Nadie te está mirando. Di: "soy feliz, saludable y exitoso".

Ahora, quiero poner un reto frente a ti. **¡Te reto a recuperar tu mente!** Es lo que mi mentor y gran amigo, el ya fallecido Glenn W. Turner, fundador de "Dare to be Great", me dijo un día. Esta afirmación me cambió la vida para siempre. Me llevó de estar borracho, perdido y en la quiebra, a convertirme en quien ahora soy. Así que, te lo repito: "¡te reto a recuperar tu mente!" Porque, en algún punto del camino, la perdiste. Tu padre, tu madre, tu profesor, tus amigos o tus vecinos te han dicho toda tu vida lo que puedes y no puedes hacer. ¡Tu mente se convirtió en una computadora! Ya no piensa por sí misma. Apaga la computadora y enciende tu cerebro. Toma el control de tu mente, y, cuando lo hagas, serás capaz de crear *Tu Mundo.* Cuando vivas en el mundo que has creado para ti, podrás tomar el control de tu vida. Cuando controlas tu vida, puedes hacerte cargo de tu futuro, un futuro que puede ir más allá de tus sueños más descabellados. Es un futuro que les dará a ti y a tu familia todo aquello por lo que estás dispuesto a trabajar y mereces.

Entonces, adéntrate en lo más profundo de tu subconsciente. El subconsciente de tu mente siempre obedecerá y hará lo que tú le digas. Dile que construya *Tu Mundo* como tú lo deseas, sin negatividad, sin dudas y sin detractores. Construye un mundo donde tú y tu familia puedan tener todo lo que anhelan y merecen. Será un mundo que tú controlarás. Será un mundo maravilloso que te dirá: "Sí, tú puedes lograrlo. Sí, tú puedes ser feliz. Sí, tú puedes tener buena salud. Sí, tú puedes ser exitoso". Tu nuevo mundo te dará todo lo necesario para alcanzar el éxito y la felicidad en tu vida. En *Tu Mundo,* descubrirás el amor. También ganarás el deseo y la confianza de amar a los demás. **Si no consigues nada más en tu vida, pero encuentras la habilidad de amarte a ti mismo y a los demás, habrás ganado un boleto al cielo.**

Tu Nuevo Mundo te presentará el secreto del éxito. El secreto del éxito no es complicado. Ha estado ahí durante muchos años y por varias generaciones. Se dice que la mayoría de la gente jamás descubrirá tan preciado secreto. Es muy simple, pero, hasta ahora, sólo unos cuantos llegan a conocerlo. Déjame compartir contigo el secreto que *Mi Mundo* me ha revelado. Aquí lo tienes: **“Si ayudas a suficientes personas a alcanzar lo que ellos desean, tú también podrás alcanzar lo que tú deseas”**. ¿No es eso es maravilloso? Ayudar a otros a ser felices, saludables y exitosos es una causa muy noble. Ayudar a los demás también es una forma de servir y honrar a Dios.

Sin que yo lo deseé, debo confesarte que estamos llegando al final de nuestra charla. Debo decir que la disfruté muchísimo. Pero, lo más importante, espero tú también la hayas disfrutado. Antes de separar nuestro camino, quisiera recordarte que eres hijo de Dios. Dios quiere que todos seamos felices, saludables y vivamos una vida próspera. Dios no hizo los diamantes para el diablo. Dios los creó para Su gente, nosotros. Él quiere que tengamos la parte que nos corresponde. **Los diamantes están allá afuera ¡así que salgamos por ellos!.**

Una cosa más: Dios no crea basura. Estoy seguro de que has escuchado esto anteriormente. Él te creó a Su imagen y semejanza. Él te creó para ser especial, para ser alguien. **¿Quién dice que tú no eres especial? ¿Quién dice que no puedes ser alguien en la vida? ¡Yo, no! Ve a servir a Dios ayudando a los demás.** Desarrolla una actitud de gratitud. Sal y disfruta Tu Nuevo Mundo —un mundo que te traerá felicidad, buena salud y una vida maravillosa—. Es *Tu Mundo.*

Te pertenece. Asume la responsabilidad y aprópiate de él.

Ésta aún es la tierra de la libertad y el hogar de los valientes, donde hombres y mujeres pueden tener todo lo que desean, si están dispuestos a pararse de puntillas un poco para alcanzar las estrellas.

Escrito por: Al Gonzalez
Eagle's Nest International, LLC
San Antonio, Texas

Agradecimientos

Primero quiero darle reconocimiento a Dios. Esta historia no hubiera sido posible sin Él. *Mi Mundo* es una increíble historia de la vida real que salió del corazón. Es una historia que necesitaba ser contada, una historia que no podría haberse convertido en Un librito Con Un Gran Mensaje sin la ayuda de algunas personas muy especiales.

Comienzo agradeciendo a mi compañía editora, Halo Publishing International de la Ciudad de México, México. Son un gran grupo de personas que realmente se preocupan y quieren que usted cómo escritor tenga éxito. Una vez que mi manuscrito fue aceptado, me recibieron con los brazos abiertos y me hicieron sentir como en familia. *Lisa Michelle Umina,* CEO de Halo Publishing International, personalmente me llamó para darme la bienvenida y supe en ese momento que tenía el equipo adecuado de mi lado. Lisa, ¡eres muy especial! Te aprecio y te agradezco por todo lo que has hecho por mí. Para la editora asistente *Cecilia Sotres,* es un placer trabajar con usted. Eres profesional, amigable con el cliente y muy amable. Desde el fondo de mi corazón, gracias. Para *Daniela Flores González,* eres una gran traductora. Tradujiste la historia tal como estaba escrita. Con amor, carisma y con un toque muy personal. Te agradezco tu gran trabajo.

Y finalmente, quiero agradecer a mi querido amigo y socio comercial, *Aldo Méndez* de Reynosa, Tamaulipas, México. Un socio comercial al que agradezco mucho su ayuda y valoro sus consejos. Me siento honrado de llamarte mi amigo. Desde el fondo de mi corazón, mi más sincero agradecimiento.

Al González

Sobre el Autor

Conozco a Al Gonzalez desde hace ya varios años y, honestamente, puedo decir que estás a punto de conocer a un gran ser humano. Él también es un hombre que ama a la gente y alguien a quien se le puede llamar un verdadero líder al servicio de los demás.

Al escribe y comunica su mensaje de una manera única. Es conocido por tener la habilidad de conectar con su audiencia de forma especial y amigable. Su sabiduría e historia de vida, que comparte con sus lectores, ha hecho de muchos de nosotros mejores personas. Conocerlo es todo un privilegio y un gran honor para mí. Por eso, con mucho orgullo presento en estas páginas al gran estadounidense Al Gonzalez.

Al nació en Brownsville, Texas, de padres de ascendencia mexicana. Creció en el Valle de Río Grande junto con seis hermanos y hermanas. Para muchas familias como la suya, la vida era particularmente difícil en esa parte de Texas, y, a pesar de trabajar duro, su día a día no dejaba de ser difícil, y su vida, empobrecida. Pasó la mayor parte de su juventud trabajando en los campos del sur de Texas, recolectando la cosecha de cada temporada. A los 14 años, se dio cuenta de que esa no era la vida que él anhelaba, decidió que quería hacer algo más con su existencia. Su incansable deseo de lograr algo mucho más grande le generaba insomnio cada noche. En ese tiempo, él soñaba con el momento idóneo para escaparse de aquellos calurosos y abrasadores días en el campo.

Menos de dos años después, tomó un autobús con rumbo a San Antonio y se enlistó en el Ejército de los Estados Unidos. Mintió sobre su edad y, a los 16 años con seis días, fue aceptado y lo juramentaron como soldado. Desde entonces, sirvió a su país durante 22 años, de los cuales, los últimos 10 transcurrieron en las unidades de Operaciones Especiales, como miembro del Cuerpo Élite de Paracaidistas y como Boina Verde. En su distinguida y condecorada carrera, cumplió varias asignaciones en el extranjero.

En 1968, Al se enlistó como voluntario de combate en Vietnam y solicitó ingresar a una unidad de reconocimiento de largo alcance. Sirvió en la Compañía "F" 58 de Infantería y en la Compañía "L" del Cuerpo Élite de la famosa División 101 de Paracaidistas (Screaming Eagles), que realizaba patrullajes de reconocimiento de largo alcance (LRRP, por sus siglas en inglés).

Su equipo de seis hombres condujo diversas misiones de reconocimiento en la zona más al norte del sur de Vietnam, en la frontera con Laos, incluyendo el letal y peligroso Valle A Shau. Se trataba del lugar donde las unidades de la División 101 pelearon una sangrienta batalla de diez días, actualmente conocida como Hamburger Hill. Muchas misiones de reconocimiento que iban dirigidas al Valle A Shau fueron despachadas desde una base de apoyo de artillería llamada Eagle´s Nest. Para honrar a sus compañeros del cuerpo de élite que hicieron el máximo sacrificio, Al decidió llamar a su compañía Eagle´s Nest International. Su sitio web es: eaglesnestinternational.com.

Al Gonzalez es hoy una historia de superación americana que pasó de la pobreza extrema a la riqueza. Él ha trabajado muy duro para alcanzar todas sus metas. Pero también será siempre el primero en admitir que está sumamente agradecido por el apoyo que ha recibido de sus compañeros militares, de sus muchos amigos profesionales en la industria de multinivel. También, de su familia y, particularmente, de su esposa y socia comercial, Janis. Hoy, Al es un orador motivacional, un mentor de crecimiento personal y liderazgo, conferencista y el autor de *¿Quién quiere ser alguien?*

y *Una conversación de 30 minutos*. Su historia es realmente conmovedora y, al mismo tiempo, increíble. Al compartir su experiencia, desea inspirarte a alcanzar esos niveles de éxito que jamás creíste posibles.

Larry K. Brewer
Teniente coronel, Ejército
de los EE. UU. (Jubilado).
Un amigo y compañero soldado.

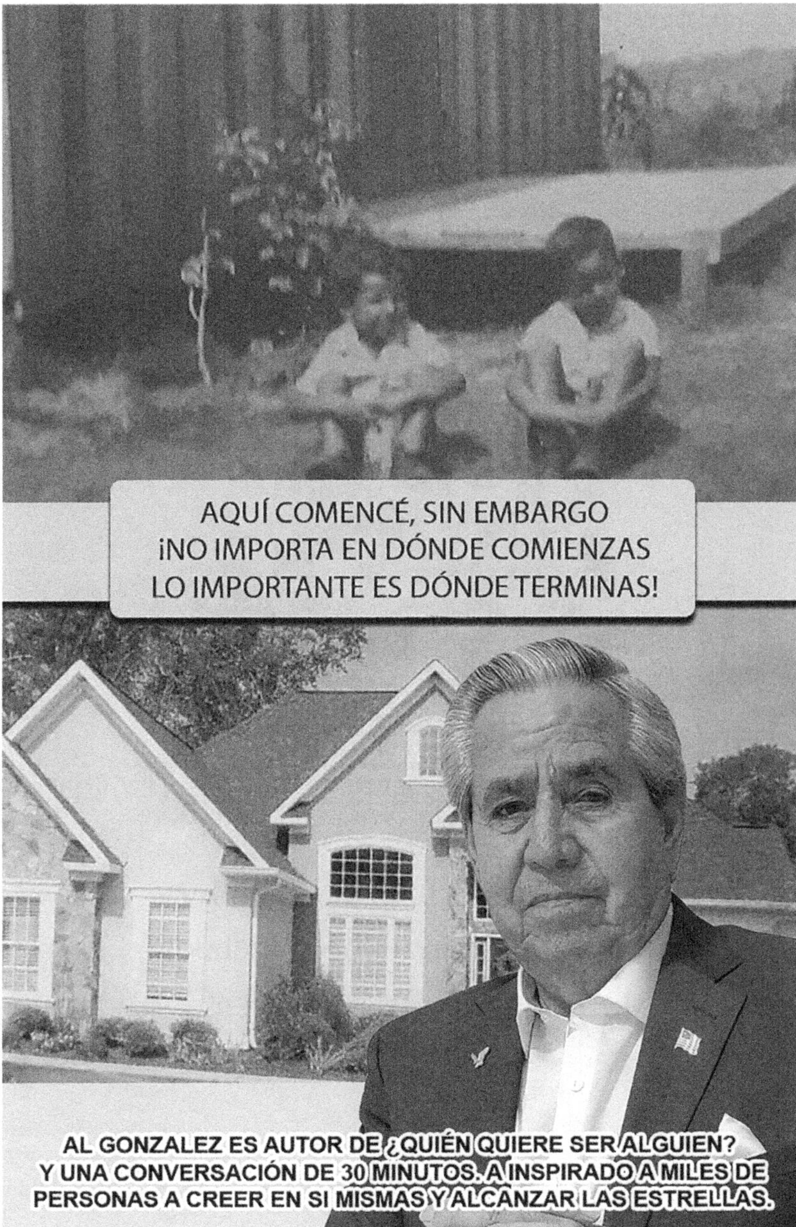
AQUÍ COMENCÉ, SIN EMBARGO
¡NO IMPORTA EN DÓNDE COMIENZAS
LO IMPORTANTE ES DÓNDE TERMINAS!
AL GONZALEZ ES AUTOR DE ¿QUIÉN QUIERE SER ALGUIEN?
Y UNA CONVERSACIÓN DE 30 MINUTOS. A INSPIRADO A MILES DE
PERSONAS A CREER EN SI MISMAS Y ALCANZAR LAS ESTRELLAS.

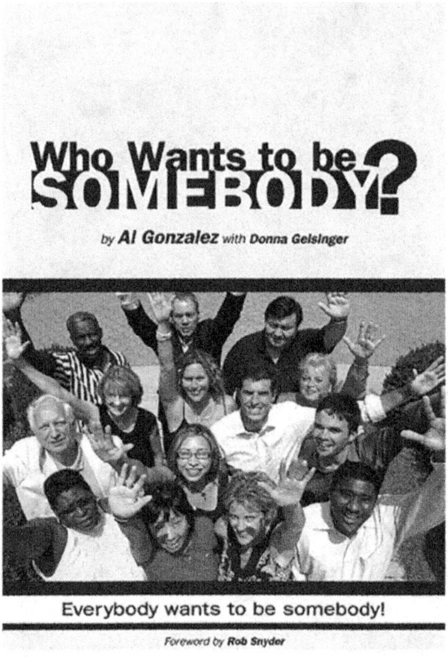

Who Wants to be Somebody?

Everybody want to be Somebody!

ISBN: 978-0-98332-140-8

A 30 Minute Conversation:
That Changed My Life. It Can Change Yours!

ISBN: 978-0-9889095-0-2

Made in the USA
Monee, IL
10 September 2026

62770630R00046